Einsterns Schwester

Themenheft 4

Lesen – mit Texten und weiteren Medien umgehen

Herausgegeben von
Roland Bauer
Jutta Maurach

Erarbeitet von
Marion Bauer, Neuburg-Schrobenhausen
Karin Leopold, Erding

Auf der Grundlage der Ausgabe von
Susanne Semelka

Cornelsen

Inhaltsverzeichnis

So kannst du mit den Heften arbeiten

Du machst alle Seiten der Lernportion 1.

Zuerst im grünen Heft.	Dann im roten Heft.	Dann im gelben Heft.	Und dann im blauen Heft.

Danach machst du in allen Heften die Lernportion 2.

Nun machst du in allen Heften die Lernportion 3.

Genauso bearbeitest du alle anderen Lernportionen.

Eine Buchstaben-Bildergeschichte lesen

1 Setze beim Lesen für die Bilder passende Buchstaben ein.

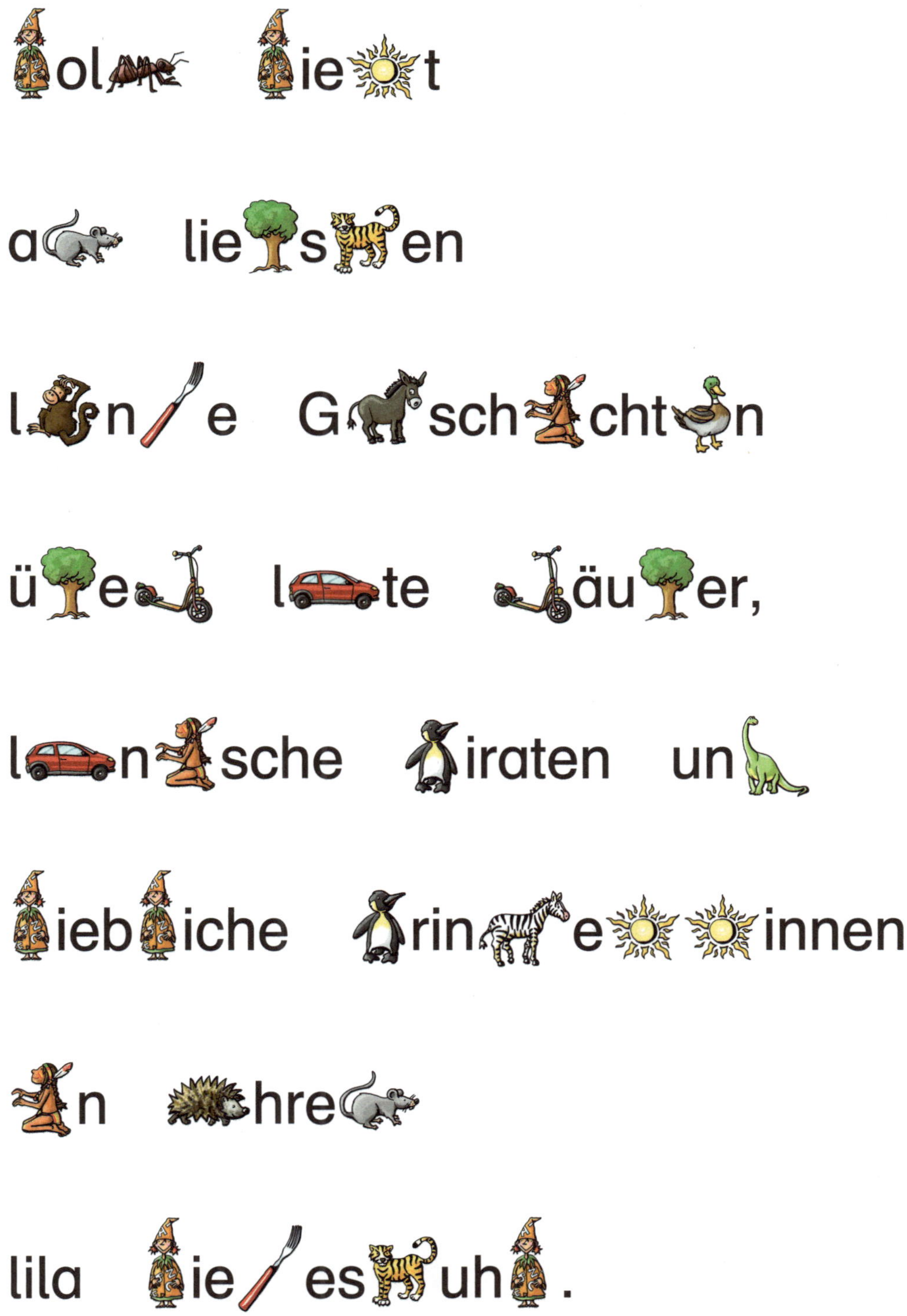

2 Suche dir ein anderes Kind.
Lest euch den Text gegenseitig vor.

1 Eine Wort-Bildergeschichte lesen

1 Setze beim Lesen für die Bilder die passenden Wörter ein.

Jonas geht in die Schule

Jonas:

 geht gern in die .

Nur heute läuft alles schief.

Als der  klingelt, steckt 

seine  ins  und schläft weiter.

Da zieht  ihm die  weg.

„Schnell, schnell! Sonst kommst du zu spät!“

Mama:

Am  reißt ein  ab.

Der  von der  klemmt.

Ein  vom  reißt ab.

 spritzt ihm ins .

Am  kippt der  um.

 stampft mit dem 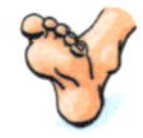 auf.

Rosemarie Künzler-Behnke

2

1 Sätze Bildern zuordnen

1 Zu jedem Satz passt ein Bild.
Ordne richtig zu und finde das Lösungswort.

H. 4, S. 7, 1
1 2 3 ...
S ...

Lieblingsplätze

1	Fabian liest gerne auf dem Sofa.
2	Jörg liest gerne unter der Bettdecke.
3	Lola liest gerne im Liegestuhl.
4	Lena liest gerne am Küchentisch.
5	Tom liest gerne auf dem Klo.

P

U

S

R

E

2

1 Zu Bildern passende Sätze auswählen

1 Nur ein Satz passt genau zum Bild.
Schreibe ihn in dein Heft.

H. 4, S. 8, 1
A: Die Spinne spinnt ein Netz.
B: ...

A 

1 Die Spinne spinnt ein Netz.

2 Die Spinne sitzt im Nest.

B 

1 Der Vogel hüpft von Mast zu Mast.

2 Der Vogel hüpft von Ast zu Ast.

C 

1 Der Hase sitzt auf der Wiese.

2 Der Hase flitzt über die Wiese.

2

1 Ähnliche Sätze einem Bild zuordnen

1 Ordne jedem Text das passende Bild zu.
Du erhältst ein Lösungswort.

H. 4, S. 9, 1
1 2 3 ...
M ...

1 Der Drachen sieht mit seinen roten Backen und der grünen Schleife am Kopf lustig aus.

2 Der Drachen sieht mit seinen grünen Backen und der lila Schleife am Schwanz lustig aus.

3 Der Drachen sieht mit seinen grünen Backen und der blauen Schleife am Schwanz lustig aus.

4 Der Drachen sieht mit seinen roten Backen und der blauen Schleife am Kopf lustig aus.

M

D

N

O

→ AH Seite 11

1 Zungenbrecher sprechen

1 Lies die Zungenbrecher laut.
Versuche, sie immer schneller ohne Fehler zu lesen.
Trage zwei Zungenbrecher einem Partnerkind vor.

Lila Flanell-Läppchen.

Zehn Ziegen zogen zehn Zentner Zucker zügig zum Zoo.

Hexen hacken häufig heftig Holz.
Heftig Holz hacken häufig Hexen.

Es klapperten die Klapperschlangen,
bis ihre Klappern schlapper klangen.

Fischers Fritze fischte frische Fische.
Frische Fische fischte Fischers Fritze.

Blaukraut bleibt Blaukraut
und Brautkleid bleibt Brautkleid.

Auf dem Rasen
rasen Hasen,
atmen rasselnd
durch die Nasen.

Klitzekleine Kinder können
keinen Kirschkern knacken.
Keinen Kirschkern können
klitzekleine Kinder knacken.

1 Mit einem Partner lesen üben

1 Suche dir ein Partnerkind.

- Lest zuerst den roten Textteil gemeinsam mehrmals halblaut.
- Wenn ihr euch sicher seid, gebt ein Zeichen zum „Allein-Lesen“.
- Lest euch den roten Textteil dann gegenseitig vor.
- Macht es genauso mit dem blauen Text und dem grünen Text.

Der Zauberwettstreit

Die Hexe Lila und der Zauberer Blu streiten, wer besser zaubern kann.
Die Hexe Lila zaubert eine rosa Wolke.
Der Zauberer Blu zaubert einen bunten Blumenstrauß.

Dann gehen sie zu Kater Schnurr.
Er soll sagen, wer besser zaubern kann.
Der Kater Schnurr denkt lange nach.
Er braucht keine rosa Wolke.
Er braucht keinen bunten Blumenstrauß.
Er will lieber eine graue Maus haben.

Die Hexe und der Zauberer warten auf Kater Schnurrs Urteil.
Der Zauberer bewundert die rosa Wolke.
Die Hexe stellt den bunten Blumenstrauß vorsichtig in eine Vase.

2 Lest euch nun den ganzen Text gegenseitig vor.

3 Schätze ein, wie flüssig du nun lesen kannst.

So lese ich: Ich lese sehr flüssig.
Ich lese fast flüssig.
Ich muss noch üben.

1 Stolperwörter in Sätzen finden

1 In jedem Satz findest du ein Wort, das nicht passt. Schreibe das Wort auf.

H. 4, S. 12, 1
1: Katzen
2: ...

1 Autos haben Katzen vier Räder.

2 Wir fahren in einem Bus zur Schule Himmel.

3 Ein Baum Flugzeug kann über den Wolken fliegen.

4 Ein ICE hat an beiden Enden eine Lokomotive Schnecken.

5 Wenn es dunkel ist, müssen am Fahrrad das Vorderlicht und das Rücklicht Klingel an sein.

6 Motorradfahrer müssen Besen einen Helm tragen.

7 Der Chef auf einem Schiff Hupe heißt Kapitän.

8 Ein Uhr Hubschrauber kann in der Luft stehen.

2

→ AH Seite 12

1 Stolperwörter in Absätzen finden

1 In jedem Absatz findest du ein Wort,
das nicht passt.
Schreibe das Stolperwort auf.

H. 4, S. 13, 1
1: ...

1 

In Sport haben wir tolle Kletterstationen aufgebaut.
Wir durften wie Tarzan von Kasten zu Kasten schwingen
oder die langen Seile hochklettern.
Dann haben wir uns an die Ringe Nadeln gehängt
und Zirkus gespielt. Das war toll!

2 

Heute hat uns unser Lehrer
eine lustige Geschichte vorgelesen.
Danach durften wir ein Bild dazu malen.
Jetzt Ofen hängen alle Bilder in unserem Klassenraum.
Wir müssen oft lachen, wenn wir sie sehen.

3 

In Musik haben wir ein neues Lied gelernt.
Wir haben passende Bewegungen dazu gemacht.
So konnten wir uns den Text besser merken.
Außerdem hat es Düsenflieger so
auch viel mehr Spaß gemacht.

4 

In Deutsch haben wir ein Schleichdiktat geschrieben.
Dabei läuft man leise zum Diktattext Auto.
An seinem Platz schreibt man
den Satz auswendig auf.

1 Vorgegebene Wörter in einem Text finden

1 Suche die Wörter unten im Text.
Schreibe hinter jedem Wort die Zeile auf,
in der du das Wort gefunden hast.

H. 4, S. 14, 1
Wanderung – Zeile 1

- Wanderung
- Rucksack
- Wipfel
- Tannen
- Blick
- Alpen

Luisa hat an diesem Wochenende eine Wanderung durch den Bayrischen Wald unternommen. Sie erzählt: „Ich hatte einen dicken Rucksack auf dem Rücken. Aber den habe ich gar nicht mehr bemerkt, weil es so spannend war! Wir sind nämlich nicht auf dem Boden gelaufen, sondern auf einem Pfad, der mitten durch die Wipfel der Bäume führte! Den Pfad betritt man über einen Einstiegsturm und schon ist man mitten zwischen den Ästen von Tannen, Buchen und Fichten. Am Schluss kamen wir an einem riesigen Baumturm an. Von dort hatte ich einen wunderbaren Blick auf den Bayrischen Wald und sogar die Alpen konnte ich erkennen. Ich finde, der Pfad könnte noch dreimal länger sein!“

2 Finde heraus, wie oft das Wort Pfad vorkommt.
Vergleiche mit einem anderen Kind.

2 Eine Speisekarte lesen

1 Lies die Speisekarte.

Wochenkarte der Mensa Astrid-Lindgren-Grundschule

Montag:
1: Spaghetti mit Tomatensauce und Salat
2: Allgäuer Speckfladen

Dienstag:
1: Käsespätzle mit Salat
2: Hähnchennuggets mit Nudeln

Mittwoch:
1: Möhreneintopf
2: Münchner Schnitzel mit Kartoffelsalat

Donnerstag:
1: Semmelknödel mit Rahmschwammerl
2: Salami-Pizza mit Salat

Freitag:
1: Kaiserschmarrn
2: Fischstäbchen mit Kartoffelbrei und Salat

2 Beantworte die Fragen.

a) Merve mag kein Fleisch und keinen Fisch.
Kann sie trotzdem diese Woche etwas essen?

b) An welchen Tagen gibt es Salat?

c) Schreibe dein Lieblingsessen diese Woche auf.

d) Susanne isst gerne süß.
Schreibe auf, wann Susanne gerne in die Mensa geht.

H. 4, S. 15, 2
a) Montag: Essen 1
Dienstag: ...
b) ...

2 Bilderfolgen Lexikontexten zuordnen

1 Lies die Lexikontexte.

1

Baum

Bäume gehören zu den größten Pflanzen der Erde.
Mit seinen Wurzeln ist der Baum fest im Boden verankert.
Ein Baum besitzt einen Stamm mit einer harten Rinde,
die ihn schützt. Am Stamm wachsen die dicken Äste und
die kleineren Zweige. Äste, Zweige und Blätter bilden
zusammen die Baumkrone.

2

Elefant

Elefanten sind die schwersten Landsäugetiere der Welt.
Sie wiegen bis zu fünf Tonnen und werden bis zu drei Meter hoch.
Sie fressen Gras, Heu, Äste, Baumrinden und Früchte.
Sie werden 60 bis 80 Jahre alt. Es gibt zwei Elefanten-Arten:
den Afrikanischen Elefanten und den Asiatischen Elefanten.

3

Zugspitze

Die Zugspitze ist der höchste Berg Deutschlands.
Josef Naus bestieg als Erster vor fast 200 Jahren die Zugspitze.
Heute führen zwei Seilbahnen und die Zugspitzbahn hinauf.
So gelangen jedes Jahr mehr als eine halbe Millionen Menschen
auf den Berg.

2.

2 Ordne die Bilder den Texten zu.

H. 4, S. 17, 2
Text 1: A, ...
Text 2: ...

Text 1:

A

B

C

Text 2:

A

B

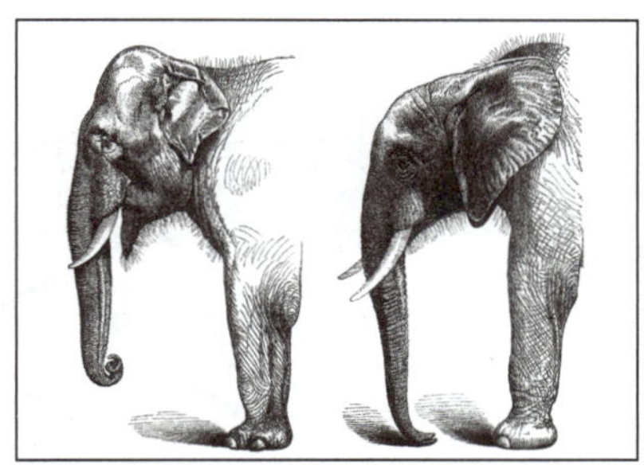

C

Text 3:

A

B

C

2 Reimwörter in einem Gedicht finden

1 Lies das Gedicht.
Schreibe die beiden Wörter, die sich reimen,
geordnet in dein Heft.

H. 4, S. 18, 1
Hexenbraut – Zwiebelhaut
...

Pimpernelle Zwiebelhaut

Kennt ihr schon die Hexenbraut
Pimpernelle Zwiebelhaut?

Rückwärts kriecht sie aus dem Bett,
schrubbt sich ab mit Stiefelfett,

kocht sich Seifenblasentee,
futtert Scheuerlappen mit Gelee,

Zittergras und Fliegenkleckse,
ja, das schmeckt der kleinen Hexe!

Doch das ist schon lange her.
Pimpernelle lebt nicht mehr –

hat Kichererbsenbrei gemacht
und sich beim Kichern totgelacht.

Hans Adolf Halbey

2 Ein Gedicht vorlesen

1 Lies das Gedicht leise.
Lies es dann mit der richtigen Betonung deinem Partnerkind laut vor.

Vom Riesen Timpetu

Pst! Ich weiß was. Hört mal zu:
War einst der Riese Timpetu.

flüsternde Stimme

Der arme Bursche hat – o Graus –
im Schlafe nachts verschluckt ’ne Maus.

traurige Stimme

Er lief zum Doktor Isegrimm:

normale Stimme

„Ach, Doktor! Mir geht’s heute schlimm!
Ich hab im Schlaf ’ne Maus verschluckt,
die sitzt im Leib und kneipt und druckt.“

leidende Stimme

Der Doktor war ein kluger Mann,
man sah’s ihm an der Brille an.
Er hat ihm in den Hals geguckt.

normale Stimme

„Wie? Was? ’ne Maus habt ihr verschluckt?

entsetzte Stimme

Verschluckt ’ne Mietzekatz dazu,
dann lässt die Maus euch gleich in Ruh!“

freudige Stimme

Alwin Freudenberg

→ AH Seite 18

2 Ein Märchen kennen lernen und spielen

1 Lies das Märchen.
Male Bilder zu den einzelnen Abschnitten.

Die Sterntaler

Es war einmal ein kleines Mädchen, das war ganz allein auf der Welt. Es war so arm, dass es kein Zimmer mehr hatte zum Wohnen und kein Bett mehr zum Schlafen. Es hatte nichts mehr, nur die Kleider, die es noch anhatte, und ein kleines Stück Brot.

Weil es niemanden mehr hatte, ging es allein hinaus aufs Feld. Dort traf es einen alten, armen Mann, der sprach: „Ich habe Hunger." Das Mädchen gab ihm das Stück Brot und sprach: „Gott segne es dir", und ging weiter.

Da kam ein Kind, das sagte: „Es friert mich so an meinem Kopf. Schenke mir etwas, womit ich mich bedecken kann. Das Mädchen gab ihm seine Mütze.

Als es noch ein Stück gegangen war, kam noch ein Kind, das hatte nichts an und fror. So gab es ihm sein Kleidchen und ging weiter.

Das Mädchen kam an einen Wald. Schon war es dunkel geworden. Da kam noch ein Kind und bat um sein Hemdchen. „Es ist dunkel", sprach das Mädchen, „da sieht dich keiner mehr." So gab es auch noch sein letztes Hemd weg.

2

Und wie es so dastand und nun gar nichts mehr hatte, fielen auf einmal die Sterne vom Himmel und es waren lauter Goldstücke. Obwohl es sein Hemdchen weggegeben hatte, so hatte es nun ein ganz feines, neues an. Darin sammelte es alle Goldstücke und war reich bis an sein Lebensende.

2 Suche dir ein Partnerkind.
Stelle die Handlung des Märchens auf einem Plakat dar.

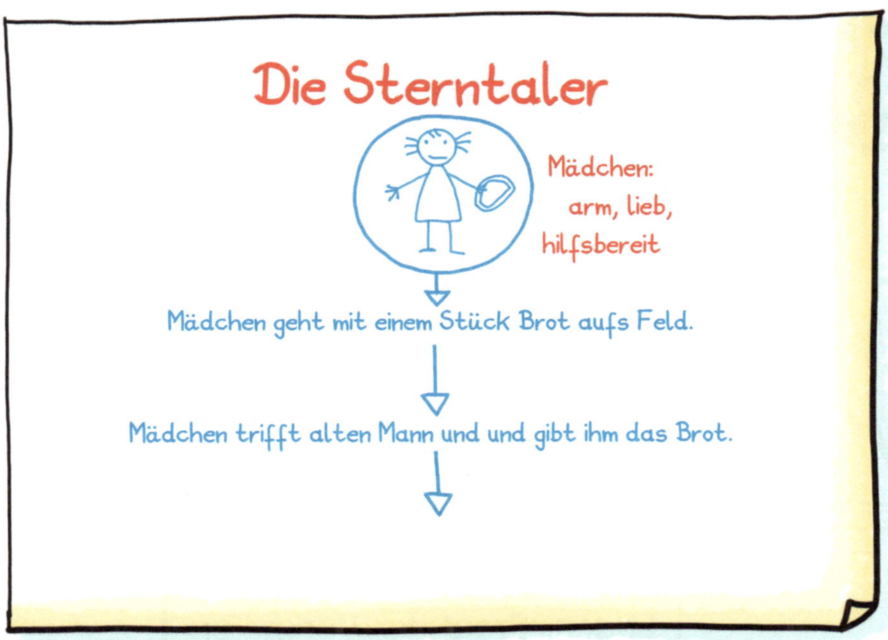

3

2 Witze vorlesen

1 Lies die Witze. Suche dir einen Witz aus.
Übe ihn mehrmals und lies ihn jemanden vor.

Die Mutter bringt ihre Zwillinge
Max und Moritz ins Bett.
Der kleine Max lacht und lacht.
„Was lachst du denn so?“,
fragt die Mutter. Antwortet Max:
„Mama, du hast Moritz zweimal
gebadet und mich gar nicht!“

Bei einem Zoobesuch
sagt die besorgte Mutter
zu ihrer kleinen Tochter:
„Geh sofort von dem Löwen weg!“
Meint die Kleine treuherzig:
„Wieso Mama, ich tu ihm
doch gar nichts!“

„Christian, du hast dieselben Fehler
im Diktat wie dein Tischnachbar.
Wie erklärt sich das wohl?“
„Ganz einfach.
Wir haben denselben Lehrer!“

Klein Herbert fragt:
„Was ist Wind?“
Sagt der Vater:
„Das ist Luft,
die es eilig hat!“

Kommt ein Frosch in den
Laden. Fragt der Verkäufer:
„Was darf es denn sein?“
Sagt der Frosch: „Quark.“

2

2 Unterschiedliche Textsorten benennen

1 Lies die unterschiedlichen Texte.
Schreibe die passende Bezeichnung in dein Heft.

H. 4, S. 23, 1
A: Märchen
...

Rezept | Lexikoneintrag | Märchen | Gedicht | Bastelanleitung

A
In einem Teil des Meeres
lebten vor langer Zeit zwei Fische.
Davon hatte der eine
einen langen, goldenen Bart.
Die beiden Fische waren
gute Freunde. Eines Tages ...

B
Fische leben im Wasser
und atmen durch Kiemen.
Statt Armen und Beinen
haben die Fische Flossen,
mit deren Hilfe sie schwimmen.

C
Zeichne mit Hilfe der Schablone
den Fisch auf gelbes Tonpapier.
Schneide Augen aus
und klebe sie auf.

D
Viele kleine Fische
schwimmen jetzt zu Tische
reichen sich die Flossen
dann wird schnell beschlossen
nicht mehr lang zu blubbern
stattdessen was zu futtern.

E
Nimm die Fischstäbchen
aus der Packung.
Erhitze Öl in einer Pfanne.
Lege die Fischstäbchen
vorsichtig hinein und brate sie.

2 Besprich mit einem anderen Kind,
wie du die Lösung gefunden hast.

→ AH Seite 19

2 Ein Gedicht ausdrucksvoll vortragen

1 Lerne das Gedicht auswendig.
Trage es mit den passenden Handbewegungen vor.

Am Morgen steht die Sonne tief

Am Morgen steht die Sonne tief,
weil sie gerade ja noch schlief.

Zur Mittagszeit wirst du gleich sehen,
da wird sie hoch am Himmel stehen.

Abends kommt sie schließlich dann
am Himmel unten wieder an.

Nachts siehst du die Sonne nicht,
drum schlafe, bis der Tag anbricht.

Paul Maar und KNISTER

3 Ein Fernsehprogramm lesen

① Lies das Fernsehprogramm.

Kinderkanal

11.00	Drei Nüsse für Aschenbrödel	16.35	Tabaluga
12.30	Stark!	17.00	TV-Helden
12.45	Pinocchio	18.30	Heidi
14.00	Löwenzahn	18.55	Sandmännchen
14.25	National Geo.	19.05	Wickie
14.50	Hexe Lilli	19.50	Logo!
15.55	Logo!	20.00	Meine peinlichen Eltern
16.05	Aktion Schulstreich	20.25	Kummerkasten

② Entscheide, welche Aussagen richtig sind und schreibe das Lösungswort in dein Heft.

	stimmt	stimmt nicht
Heidi kommt vor dem Sandmännchen.	T	U
Das Kinderprogramm beginnt um 11.15 Uhr.	Z	A
Logo! kommt nur einmal.	G	B
Pinocchio ist die dritte Sendung.	A	F
Heute kommt der Film „Braunbär Billi“.	R	L
Um 17.00 Uhr fängt Tabaluga an.	B	U
Nach 18 Uhr beginnen noch sechs Sendungen.	G	R
Die letzte Sendung ist Kummerkasten.	A	T

3 Eine Wetterkarte lesen

1 Sieh dir die Wetterkarte genau an.

Das Wetter in Deutschland am 3. April

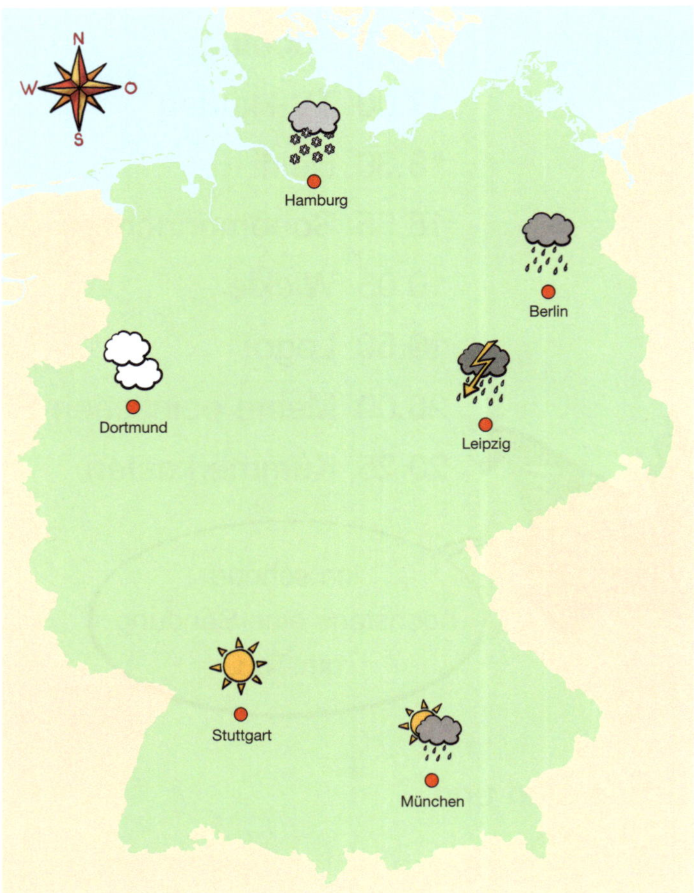

 = Sonne

 = Schauer

 = Regen

 = Wolken

 = Schnee

 = Gewitter

2 Schreibe die Sätze auf, die zur Karte passen.

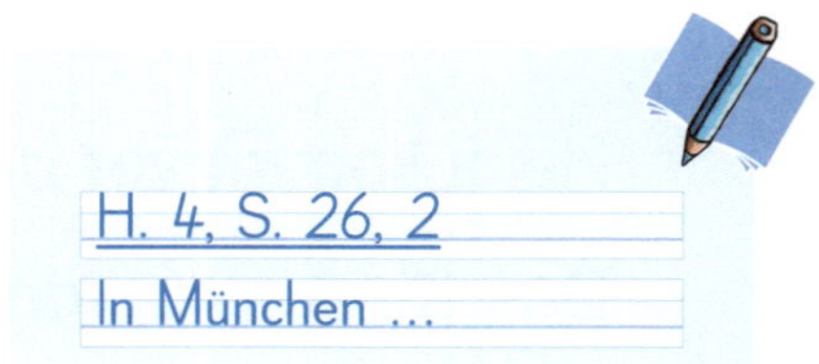

a) In München sind Regenschauer möglich.

b) Die Karte zeigt das Wetter am 3. Mai.

c) Auf der Karte findet man alle Wetterzeichen.

d) In Dortmund scheint die Sonne nicht.

e) In Deutschland schneit es heute nicht.

f) Wer in Berlin wohnt, sollte einen Schirm mitnehmen.

3 Ein Schaubild lesen

1 Suche im Schaubild die Antworten zu den Fragen.

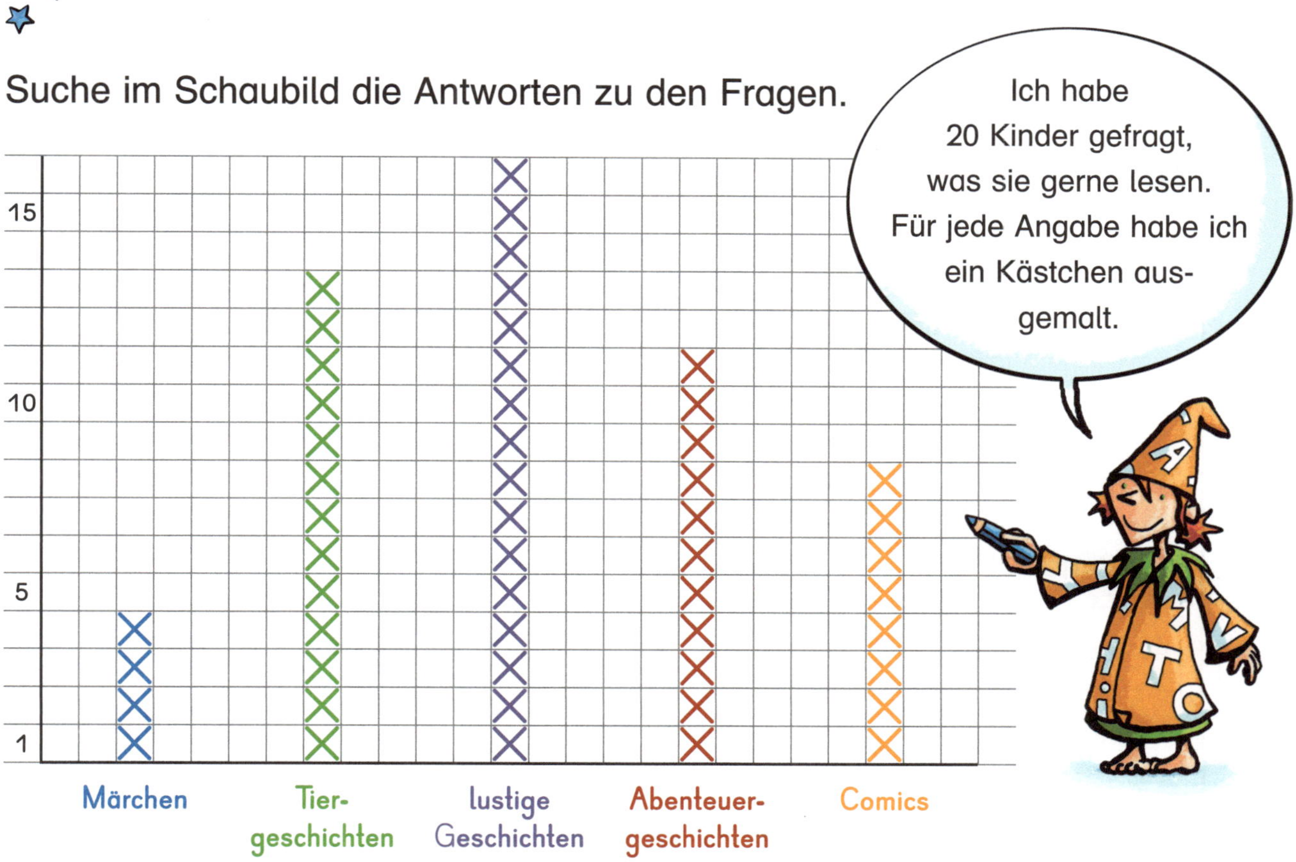

a) Wie viele Kinder lesen gerne Märchen?

b) Welche Bücher sind am wenigsten beliebt?

c) Wie viele Kinder mögen Abenteuergeschichten?

d) Gibt es Bücher, die gleich gerne gelesen werden?

e) Welche Bücher mögen die meisten Kinder?

f) Welche Bücher liest du am liebsten?

2

3 Einen Stundenplan lesen

1 Lies den Stundenplan von Maria.

	Montag	Dienstag	Mittwoch	Donnerstag	Freitag
1. Stunde	GU	GU	GU	Religion	Religion
2. Stunde	GU	GU	GU	GU	GU
3. Stunde	GU	Sport	Sport	GU	GU
4. Stunde	GU	GU	Sport	WG	GU
5. Stunde	GU		Förder-unterricht	WG	GU

2 Schreibe kurze Antworten zu den Fragen in dein Heft.

a) An welchen Tagen hat Maria Religion?

b) Welches Fach hat Maria am Freitag in der dritten Stunde?

c) In welcher Spalte sind nur vier Stunden eingetragen?

d) Welchen Unterricht hat Maria nur ein Mal in der Woche?

e) An welchem Tag braucht Maria die Schere und den Kleber?

f) Maria turnt gerne.
An welchen Tagen freut sie sich besonders auf die Schule?

3 Nimm deinen eigenen Stundenplan.
Überlege dir selbst Fragen für dein Partnerkind.

→ AH Seite 24

3 Den Zeichen Begriffe zuordnen

1 Ordne jedem Zeichen den passenden Begriff zu.

Flughafen | Baustelle | Behinderte

Restaurant | Aufzug | Telefon

Fluchtweg | Mülleimer | Spielplatz

Fußgänger | Stau | Toilette

A

B

C

D

E

F

G

H

I

J

K

L

2 Erfinde selbst ein Zeichen und male es auf.
Schreibe dazu, was es bedeutet und wo man es finden könnte.
Stelle es einem Partnerkind vor.

→ AH Seite 25

3 Ein Inhaltsverzeichnis lesen

1 Tim hat sich ein Buch über Delfine ausgeliehen.
Sieh dir das Inhaltsverzeichnis an.

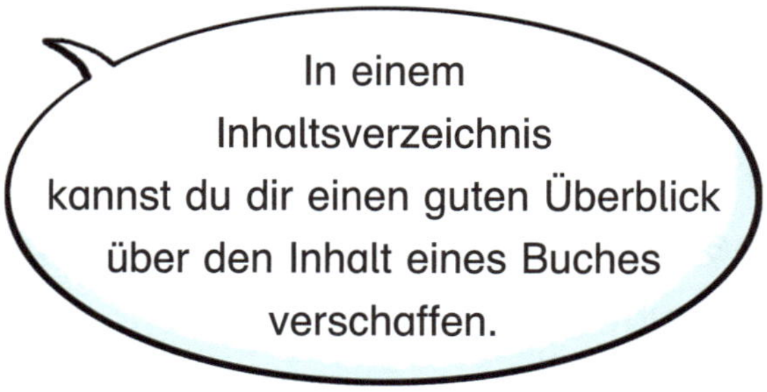

3

2 Tim will viel über Delfine wissen.
Schreibe auf, in welchen Kapiteln er Antworten auf seine Fragen findet.

H. 4, S. 31, 2
a) Kapitel …
b) …

a) Sind Delfine Fische?

b) Retten Delfine wirklich Menschen?

c) Können Delfine unter Wasser reden?

d) Gibt es verschiedene Arten von Delfinen?

3 Lies die Texte.
Schreibe auf, zu welchen Kapiteln des Buches die Texte gehören. Begründe.

H. 4, S. 31, 3
Der Text 1 gehört zu Kapitel … weil …

1

Delfine sind sehr verspielt und unglaublich neugierig! Sie sind nicht gerne allein und leben deshalb in Gruppen zusammen. Diese Gruppen nennt man „Delfinschulen“. Die Gruppengröße kann dabei sehr unterschiedlich sein. Manchmal sind es nur ein paar wenige Tiere, manchmal besteht die Gruppe aus bis zu 1 000 Delfinen!

2

Was unterscheidet Delfine von Fischen?

1. Delfine bringen ihre Jungen lebend zur Welt und säugen sie. Fische legen Eier.
2. Delfine atmen mit einer Lunge – Fische besitzen Kiemen.
3. Delfine haben immer die gleiche Körpertemperatur. Bei Fischen wechselt sie, je nachdem ob das Wasser um sie herum warm oder kalt ist.

3 Ein Schaubild zu einem Text erstellen

1 Lies den Text genau.

Haustiere
In der Klasse 2c sprechen die Kinder über Haustiere.
Anna hat einen großen Hund.
Peter und noch zwei andere Mädchen haben eine Katze.
Vier Kinder haben ein Meerschweinchen.
Sophie hat einen Hamster.
Die Zwillinge Elisa und Max haben jeder ein Kaninchen.

2 Erstelle zu dem Text ein Schaubild auf Karopapier.

3

4 Bilder zum Textverständnis nutzen

1 Schau dir die Bilder genau an.
Schreibe auf, welches Thema in dem Text wahrscheinlich behandelt wird.

H. 4, S. 33, 1
...

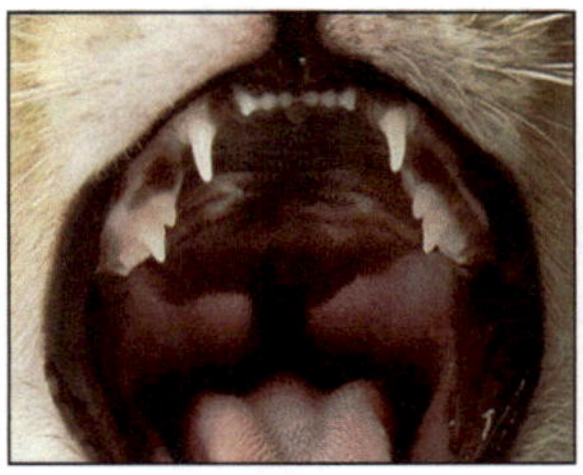

Feinde der Katze | „Geheimwaffen“ der Katze | Nahrung der Katze

2 Lies den Text. Überprüfe, ob deine Vermutung richtig war.

Die Katze ist für die Jagd nach Beutetieren sehr gut ausgestattet: Ihre Ohren sind spitz und können in viele Richtungen gedreht werden, damit sie besser hört. Am Tag sehen ihre Pupillen aus wie ein Strich, bei Nacht werden sie rund und groß. So kann die Katze auch bei wenig Licht gut sehen. Die scharfen Krallen und die spitzen Zähne dienen ihr zum Fangen und Festhalten ihrer Beute, die vor allem aus Mäusen und Vögeln besteht.

3 Einige Fragen kannst du beantworten, wenn du nur die Bilder betrachtest. Für andere musst du den Text lesen. Lege eine Tabelle an.

A Wie sehen die Krallen einer Katze aus?

B Besitzt die Katze lange Fangzähne?

C Wie fängt die Katze ihre Beute?

D Was frisst die Katze?

H. 4, S. 33, 3

Bild	Text
A	

4 Überschriften zum Textverständnis nutzen

1 Lies die Überschrift.
Schreibe drei Fragen auf,
die dich zum Thema interessieren.

H. 4, S. 34, 1
...

Die Katze, ein Raubtier

2 Lies nur die roten Zwischenüberschriften.
Überlege, ob deine Fragen im Text beantwortet werden.

Abstammung
Katzen sind Raubtiere wie Löwe und Wolf.
Unsere Hauskatze stammt von der Wildkatze ab.

Nahrung
Katzen sind reine Fleischfresser. Sie jagen Mäuse und Vögel,
aber auch Frösche, Regenwürmer, Spinnen und andere Insekten.

Raubtiergebiss
Das Gebiss ist das wichtigste Jagdwerkzeug der Katze.
Mit ihren dolchartigen Eck- und Fangzähnen kann sie ihre Beute töten.

3

4 Eine eigene Vorstellung zu einem Text entwickeln

1 Lies die Überschrift und schau dir das Bild genau an. Überlege, worum es in der Geschichte gehen könnte. Tausche dich mit einem anderen Kind dazu aus.

In Gefahr

2 Lies den Text. Überprüfe, ob du richtig vermutet hast.

Es ist Herbst.
Im Garten blühen rote Rosen.
Otto, der Buchfink, sitzt auf dem Walnussbaum.
Er beobachtet einen Marienkäfer.
Der sitzt gemütlich auf einem Stein.
Da kommt eine Katze angeschlichen.
Vorsicht Otto! Flieg weg!

3 Schreibe kurze Antworten in dein Heft.

a) Passt das Bild genau zur Geschichte?

b) Warum soll der Vogel wegfliegen?

c) Wie könnte die Geschichte zu Ende gehen?

4 W-Fragen zum Text stellen

1 Lies den Text.

Die Brille

Vor ein paar Tagen war Jakob beim Augenarzt.
Und heute ist es soweit: Jakob bekommt eine Brille.
Jetzt kann er endlich viel besser sehen, aber Jakob weint trotzdem.
„Brillen sind doof!", ruft er böse.

Jakob hat Bauchschmerzen, als er das Klassenzimmer betritt.
Er hat Angst, dass ihn die Kinder in seiner Klasse auslachen.
Und tatsächlich. Marco brüllt sofort: „Jakob ist eine Brillenschlange, Brillenschlange!"
Alle Kinder drehen sich zu Jakob um.
Sicher werden sie gleich mit Marco mitschreien, denkt Jakob.

Aber Fatima sagt neidisch: „Oh Mann, eine Brille hätte ich auch gerne!
Sehr schade, dass ich so gute Augen habe."
„Sieht stark aus", findet auch Farid. „Ich lese gerade ein Comic, da hat der Held auch eine Brille an."

Plötzlich ist Jakob von Kindern umringt. Alle bewundern seine Brille.
Da spürt Jakob eine Hand an seiner Schulter. Er dreht sich um.
Es ist Marco.
„Darf ich die Brille mal kurz anziehen?", fragt Marco leise.
„Klar!", sagt Jakob und lacht.

2 Beantworte die W-Fragen.
Der Text und das Bild helfen dir.

H. 4, S. 37, 2
a) Wer: Jakob
b) Was: ...

a) **Wer** bekommt eine Brille?

b) **Was** ruft Jakob?

c) **Wann** bekommt Jakob Bauchschmerzen?

d) **Wo** war Jakob vor ein paar Tagen?

e) **Warum** hat Jakob Angst in die Schule zu gehen?

f) **Wie** sieht Jakobs Brille aus?

3

4 Signalwörter in einem Text finden

1 Lies das Rezept.

Apfelkuchen

Zuerst schlägst du die weiche Butter mit Zucker und Salz schaumig.
Dann rührst du die Eier darunter.
Jetzt kommt das mit Backpulver gemischte Mehl dazu.
Gieße Apfelsaft dazu, bis der Teig sich gut rühren lässt.
Rühre weiter und gib den Zimt dazu.
Die Rosinen wäschst du zuerst mit heißem Wasser,
bevor du sie auf einem Küchenpapier abtropfen lässt.
Rühre sie unter den Teig.
Inzwischen kannst du die Äpfel schälen,
in kleine Stücke schneiden und in den Teig geben.
Fülle den Teig in eine eingefettete Backform
und backe den Kuchen eine Stunde.
Jetzt lässt du ihn abkühlen.

2

→ AH Seite 32

4 Unterschiede in Texten finden

1 Zwei Kinder haben in ein Freundschaftsbuch geschrieben. Lies die Texte.

1. Auf welche Schule gehst du?
   Grundschule am Schloss.
2. Was machst du gerne?
   mit meinen Freunden spielen
3. Was ärgert dich?
   Streit mit anderen haben
4. Was willst du werden?
   weiß noch nicht
5. Was nimmst du mit auf eine einsame Insel?
   meine Schwester,
   mein Bettzeug

---

1. Auf welche Schule gehst du?
   Grundschule am Schloss.
2. Was machst du gerne?
   lesen, mit Freunden spielen
3. Was ärgert dich?
   zu viele Hausaufgaben
4. Was willst du werden?
   habe ich noch nicht
   drüber nachgedacht
5. Was nimmst du mit auf eine einsame Insel?
   ein Messer, ein Zelt,
   eine Taschenlampe

2 Vergleiche die Antworten.
Schreibe auf, welche Antworten ähnlich oder gleich sind.

H. 4, S. 39, 2
gleich oder ähnlich: 1., ...

3

5 Den Inhalt eines Bildes erfassen

1 Schreibe die Wörter auf, die zum Bild passen.

H. 4, S. 40, 1
Tomaten, ...

Ein sonniger Tag im Garten

Kartoffeln | Hund | Tomaten | Hecke | Wurm | Käfer | Vogel | Hut | Leiter | Schaufel | Baum | Schere

2 Lies die Überschrift und schau dir das Bild genau an. Male in dein Heft, was auf dem Bild fehlt.

H. 4, S. 40, 2
...

3 Schreibe selbst Wörter, die zu dem Bild passen.

H. 4, S. 40, 3
Hund, ...

→ AH Seite 40

5 Passende Sätze zu Bildern auswählen

1 Finde die Sätze, die zu den Kindern passen.
Schreibe das Lösungswort auf.

H. 4, S. 41, 1
Lösung: K...

K Sie trägt Jeans.
R Sie ist sechzig Jahre alt.
E Ihre Haare sind sehr kurz.
A Auf ihrem T-Shirt ist ein Pferd.
U Sie trägt Ringe.
M Sie hat eine Zahnlücke.
G Ihre Augen sind braun.
P Sie isst einen Apfel.

U Er liebt Kaugummiblasen.
L Er hat schwarze Haare.
M Er trägt Turnschuhe.
W Er trägt eine Brille.
M Er hat ein Buch in der Hand.
T Seine Augen sind grün.
F Er führt einen Hund an der Leine.
I Seine Armbanduhr ist groß.

5 Den passenden Text zu einem Buch auswählen

1 Ein Text passt zum Bild.
Schreibe den ersten Satz in dein Heft.

H. 4, S. 42, 1
...

1 Hannes klingelt Sturm.
Er muss Mama dringend etwas erzählen.
Etwas ganz Tolles. Etwas Einmaliges!
Ein Zirkus kommt!

2 Hannes hat drei Plakate gesehen.
Ein richtiger Zirkus war noch nie hier!
Mama öffnet die Tür. „Pssst! Anna-Sofie schläft!
Was machst du denn für einen Lärm?“

3 Mamas Stimme klingt so ärgerlich,
dass Hannes schnell eine Ausrede erfindet.
„Ich muss mal“, sagt er und verschwindet im Bad.
Dort schließt er ab und setzt sich auf den Klodeckel.

Anne Steinwart

5 Den Inhalt eines Textes erfassen

1 Ergänze in jeder Zeile das passende Wort.
Schreibe die Zeilennummer und das Wort auf.

H. 4, S. 43, 1
1: Wochen
2: …

Auf dem Bolzplatz

Fußballtoren	Wochen	Schule

Seit vier ___ gibt es in Benzhart einen prima Bolzplatz für Kinder. Mit richtigen ___ . Er wurde gleich neben der ___ gebaut.

besten	Martin	hier

Jeden Nachmittag treffen sich ___ die kleinen Fußballer des Viertels. Mit dabei sind meistens Flori, ___ , Önal und Hakan, die vier ___ Fußballer der ganzen Schule.

ungerecht	immer	spielen	Angst

„Hakan und ich ___ zusammen“, sagt Önal. „Ihr wollt ___ zusammenspielen“, meckert Flori. „Das ist ___ .“ „Ihr habt ja nur ___ , dass ihr verliert“, sagt Önal.

Manfred Mai

2 Passt das Bild zur Geschichte?
Begründe erst schriftlich.
Lies dann deine Begründung einem Partnerkind vor.

H. 4, S. 43, 2
Das Bild …, weil …

5 Bild- und Textinhalte vergleichen

1 Lies die Überschrift und schau dir die Bilder genau an.
Überlege, was du schon zum Thema weißt.

Im Zoo

Lisa und Anne machen einen Ausflug in den A. Als Erstes wollen die beiden Mädchen gleich zu den B. Die sehen mit ihrem langen Rüssel so lustig aus. Gerade nehmen sie ein Bad und spritzen wild um sich. Da hören Lisa und Anne, wie ein C brüllt. Mit seiner großen Mähne wirkt er sehr majestätisch. Nun gehen sie zu den D, die gerade Bananen fressen. Sie schwingen sich von Ast zu Ast. „Sind die niedlich!“, ruft Anne. Jetzt kommt ein E an ihnen vorbei, das von einem Mann an einem Seil geführt wird. Am liebsten würde Lisa zwischen seinen Höckern sitzen und eine Runde reiten. Da ruft plötzlich ein kleines Kind: „Guck mal, Mama! Ein Pferd mit schwarz-weißen Streifen!“ „Das ist doch ein F!“, antwortet die Mutter. Lisa und Anne müssen lachen.

2 Schreibe die fehlenden Wörter ins Heft.
Die Bilder helfen dir dabei.

H. 4, S. 44, 2
A: Zoo, B: ...

5 Eine Geschichte inhaltlich ordnen

1 Die Geschichte ist durcheinander geraten.
Ordne die Absätze und schreibe das Lösungswort in dein Heft.

H. 4, S. 45, 1
H

Drachen im Baum

T Erleichtert gingen die beiden nach Hause.
In Zukunft werden sie
besser auf ihre Drachen aufpassen.

H Draußen war es sehr windig.
Florian und Tanja wollten
ihre neuen Drachen steigen lassen.

B Auch Tanja wollte ihren Drachen herunterholen.
Doch dann kam eine Windböe
und der Drachen verfing sich im Apfelbaum.

R Der Wind wurde immer stärker.
Die beiden konnten ihre Drachen kaum noch halten.
Florian holte seinen Drachen zurück.

S Tanja war traurig und weinte.
Zum Glück kam der Nachbar
und holte ihr den Drachen vom Baum.

E Sie gingen mit ihren Drachen auf die Wiese,
auf der einige Obstbäume standen.
Im Nu flogen beide Drachen am Himmel.

5 Zwei Texte entwirren

1 Hier sind zwei Texte durcheinander geraten. Manche Zeilen gehören zum Thema **Wasser sparen**, manche zum Thema **Naturschutz**. Ordne die Zeilen richtig in eine Tabelle.

H. 4, S. 46, 1

Wasser sparen	Naturschutz
Zeile 1	Zeile 2
...	

1 Ich kenne viele Möglichkeiten, Wasser zu sparen.
2 Auch du als Kind kannst schon die Natur schützen.
3 Ich dusche öfter als zu baden, das verbraucht weniger Wasser.
4 Lasse dich nicht mit dem Auto zur Schule fahren – gehe selbst!
5 Dadurch ersparst du deiner Umwelt unnötige Autoabgase.
6 Du kannst auch mit dem Fahrrad fahren, das macht doch sowieso Spaß.
7 Beim Zähneputzen drehe ich den Wasserhahn zu.
8 Ich sammle für meinen Garten Regenwasser in einer Tonne.
9 Schmeiße deinen Müll nicht einfach in die Natur.
10 Stecke ihn in deine Hosentasche und entsorge ihn in einer Mülltonne.

6 Einfache Fragen zu einem Text beantworten

1 Lies die Überschrift.
Schau dir das Bild genau an und überlege, welchem Tier es langweilig sein könnte.

H. 4, S. 47, 1
Langweilig ist …

Furchtbar-dolle-stinke-langweilig

2 Lies den Text.

Es war einmal ein wunderschöner Vormittag: Die Sonne schien und der Himmel war blau. Gelegentlich zog ein weißes Wattewölkchen vorüber. Die Vögel sangen Lieder, die Luft roch – hmmm – nach Wiesenkräutern. Hase Nulli und sein bester Freund, Frosch Priesemut, lagen faul in der Sonne. Na ja, so ganz stimmte das nicht, denn Nulli las ein Buch. Und Priesemut? Dem war langweilig, genauer gesagt: furchtbar-dolle-stinke-langweilig. Und das ist ja wohl die langweiligste Langeweile, die man haben kann, oder?

Matthias Sodtke

3 Schreibe zu jeder Frage eine kurze Antwort in dein Heft.

H. 4, S. 47, 3
a) Der Himmel war blau.
b) …

a) Wie war der Himmel?

b) Wer war Hase Nullis bester Freund?

c) Nach was roch die Luft?

d) Was tat Nulli?

→ AH Seite 46

6 Schwierige Fragen zu einem Text beantworten

1 Lies den Text.

1

Chaoten-Katja

A Katja soll ihr Zimmer aufräumen. Ihr erster Blick fällt auf Carlo, ihren ältesten und größten Teddybären. In letzter Zeit hat sie ihn ein bisschen vernachlässigt. Er sieht traurig aus, findet sie. Und schmutzig ist er auch.

2

B Katja läuft ins Badezimmer. Im Waschbecken bereitet sie ein Bärenbad. Sie setzt Carlo hinein und schrubbt ihn gründlich! Dass Wasser und Schaum überschwappen, ist Carlos Schuld. Er ist einfach zu groß für das Becken.

3

C Danach muss Carlo trocken gerubbelt werden. Doch das ist nicht so einfach. Als Katja alle Handtücher verbraucht hat, ist er immer noch patschnass. Egal, wozu gibt es einen Föhn? Föhn, Kamm und Bürste. Nichts sieht unordentlicher aus als ein strubbeliger Bär!

Katharina Kühl

2 Schau dir die Bilder an.
Ordne die Bilder den passenden Abschnitten zu.

H. 4, S. 48, 2
Bild 1: Abschnitt ...

3 Beantworte die Fragen. Begründe deine Antworten.
Vergleiche mit einem Partnerkind.

H. 4, S. 48, 3
a) Katja denkt, dass ...

a) Warum denkt Katja, dass ihr Bär traurig aussieht? Begründe.

b) Ist Katjas Zimmer nun aufgeräumt? Begründe.

c) Wie sieht am Schluss das Badezimmer aus?

6 Richtige Aussagen zu einem Sachtext erkennen

1 Lies den Text.

Obst

Essbare Früchte und Samen nennt man Obst. Es gibt unterschiedliche Obstsorten:

Steinobst ist außen saftig und hat innen einen Kern. Zum Steinobst gehören Pflaumen und Kirschen.

Kernobst hat fünf Kammern mit kleinen Kernen. Äpfel und Birnen sind Kernobst.

Schalenobst hat eine harte Schale, die nicht essbar ist. Zum Schalenobst gehören Haselnüsse, Walnüsse und Mandeln.

Beerenobst ist weich, klein und rundlich, wie zum Beispiel die Himbeeren oder die Weintrauben.

2 Lies die Aussagen und entscheide, ob sie richtig oder falsch sind. Schreibe das Lösungswort in dein Heft.

	stimmt	stimmt nicht
Obst ist das Wort für essbare Früchte und Samen.	T	O
Kirschen sind Steinobst.	R	P
Kernobst hat eine Kammer mit kleinen Kernen.	E	A
Die Schale von Schalenobst ist weich.	M	U
Walnüsse haben eine essbare Schale.	T	B
Weintrauben sind Beerenobst.	E	G

→ AH Seite 47

6 Richtige Aussagen zu einer Geschichte erkennen

1 Lies den Text.

„Aus welchem Land kommt eigentlich Aischa, mit der du morgens immer in die Schule gehst?“, fragt Mama.
„Es heißt so ähnlich wie ‚Luftballon‘“, sagt Steffi.
„Ein Land ‚Luftballon‘ gibt’s höchstens im Märchen“, sagt Mama.
„Am besten, du lädst sie mal zu uns ein, dann frag ich sie einfach.“

Als sie am nächsten Tag mit Aischa in die Schule geht, fragt Steffi selbst.
„Unser Land heißt Libanon“, antwortet Aischa.
„Das klingt, als wär’s höchstens eine Stadt“, sagt Steffi.
„Am besten finde ich Länder, die hinten im Namen ein ‚land‘ haben wie Deutschland, Holland oder England. Da hört man gleich, dass es ein Land ist.“

„Libanon ist sogar großes Land“, sagt Aischa. „Ein schönes Land.“
„Aber nicht so schön wie Deutschland!“, sagt Steffi.
„Viel schöner!“, behauptet Aischa. „Ist viel wärmer als hier. Manchmal im Sommer ist es so heiß, da schläft die ganze Familie auf dem Dach.“

Steffi lacht. „Das glaubst du ja selber nicht!“, sagt sie.
„Du lügst mich an – oder?“
„Mach ich nicht“, sagt Aischa. „Die Dächer sind bei uns anders als hier. Da oben kann man gehen, essen, Wäsche aufhängen und spielen …“
Steffi guckt Aischa an: Die schaut ganz ernst.
So sagt Steffi nur: „Auf unserem Dach darf ich jedenfalls nicht spielen. Du kannst dir's ja mal angucken. Am Sonntagnachmittag.“
„Warum Sonntag?“, fragt Aischa. „Kann man euer Dach nur am Sonntag sehen?“
„Nein. Es ist, weil du doch am Sonntag bei uns eingeladen bist!“

Paul Maar

2 Entscheide, ob die Aussagen richtig oder falsch sind.
Schreibe das Lösungswort auf.

H. 4, S. 51, 2
Lösung: L…

	falsch	richtig
Es gibt das Land Luftballon.	L	B
Es gibt das Land Libanon.	Ü	Ä
Im Libanon ist es wärmer als in Deutschland.	E	N
Der Libanon ist ein ganz kleines Land.	D	G
Steffi darf auf ihrem Dach zu Hause spielen.	E	B
Aischa ist am Sonntagnachmittag bei Steffi eingeladen.	N	R

6 Informationen aus Texten entnehmen

1 Lies die Texte.

Erkältung

Am Dienstag ist es losgegangen. Zuerst hat mir nur beim Schlucken der Hals wehgetan. Dann habe ich Husten bekommen und jetzt läuft auch noch andauernd meine Nase. Mama sagt: „Bald geht es dir wieder besser. Eine Erkältung dauert nur etwa eine Woche.“

Diese Krankheiten bekommen von hundert Kindern im Jahr:

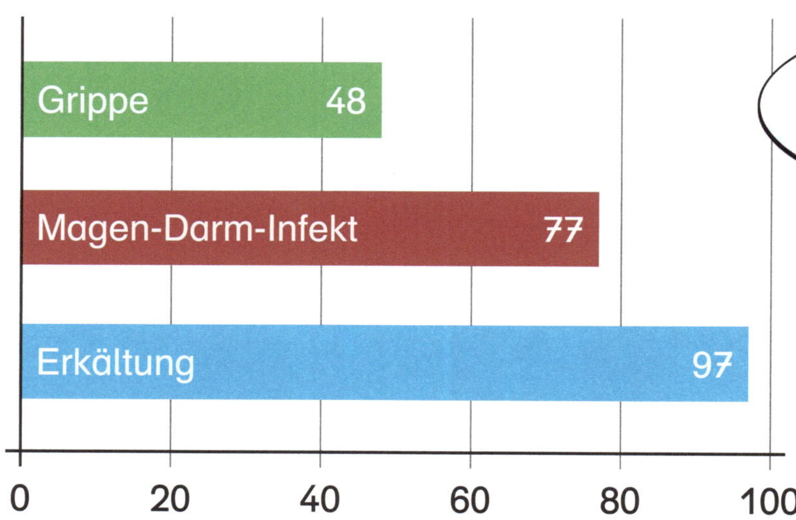

Wie bekommt man eine Erkältung?

Erkältungen werden ausschließlich durch winzig kleine Krankheitserreger wie Bakterien und Viren ausgelöst. Sie übertragen sich von Mensch zu Mensch. Unser Körper startet sofort „Erste-Hilfe-Maßnahmen“ und bekämpft die Eindringlinge.

6

Hier ein paar Tipps
gegen Erkältung!

- Gesunde Ernährung, genügend Schlaf, ausreichende Bewegung – das stärkt die Abwehrkräfte!

- Oft die Hände waschen!
  So steckst du dich nicht bei anderen an.

- Die Luft befeuchten!
  Viren mögen keine feuchte Luft.

- Papiertaschentücher nur einmal benutzen!
  Sonst steckst du dich bei dir selbst an.

② Besprecht euch.

- Wird eine Erkältung wirklich durch Kälte ausgelöst?
- Was kannst du tun, um keine Erkältung zu bekommen?
- Wo findest du eine Antwort auf die Frage:
  „Was sind die häufigsten Erkrankungen bei Kindern?“

③ Schreibe auf, was du jetzt über Erkältungen weißt.

H. 4, S. 53, 3
Eine Erkältung ist …

7 Bildern Titel zuordnen

1 Welcher Titel gehört zu welchem Gemälde?
Schreibe die Titel zu den passenden Nummern in dein Heft.

H. 4, S. 54, 1
1: In den Bergen
2: ...

1

2

3

4

- In den Bergen
- An der Nordsee
- Unter Palmen
- Auf dem Ponyhof

2 Finde selbst passende Titel zu den Bildern und schreibe sie auf.

H. 4, S. 54, 2
1: ...

1

2

3

4

7 Zu Bildergeschichten Überschriften auswählen

1 Worum geht es in der Geschichte hauptsächlich?
Schreibe die Überschrift in dein Heft,
die am besten passt.

H. 4, S. 55, 1
Überschrift: ...

Die weiße Blumenvase | **Viele bunte Blumen**

Ein lustiger Blumenstrauß | **Ein schöner Strauß Rosen**

1

2

3

4

2 Schau dir die Bilderfolge genau an und
überlege dir selbst eine passende Überschrift.
Schreibe sie in dein Heft.

H. 4, S. 55, 2
Überschrift: ...

1

2

3

7 Absätzen Überschriften zuordnen

1 Lies den Text.
Finde für jeden Absatz die passende Überschrift.
Schreibe sie in der richtigen Reihenfolge ins Heft.

H. 4, S. 56, 1
1: ...

Tierkinder **Futter** **Pflege**

1 Alles, was für den Hund wichtig ist, ist im Fertigfutter enthalten.
Außerdem braucht der Hund immer genug frisches Wasser.

2 Wichtig ist, dass du deinen Hund regelmäßig bürstest.
Kontrolliere auch immer seine Ohren.
Die Krallen nutzen sich von alleine ab.
Wenn dein Hund sehr schmutzig ist oder stinkt, solltest du ihn baden.

3 Die jungen Hunde heißen Welpen.
Die ersten vier Wochen werden sie von ihrer Mutter gesäugt.
Sie brauchen viel Ruhe. An einen neuen Besitzer sollten sie frühestens nach zwei Monaten gegeben werden.

2 Ordne die Bilder den Abschnitten richtig zu.

H. 4, S. 56, 2
1: ...
2: ...

A

B

C

7 Für eine Geschichte eine Überschrift auswählen

1 Lies die Geschichte.
Finde die Überschrift, die am besten passt und schreibe sie in dein Heft.

H. 4, S. 57, 1
Überschrift: ...

Das große Geheimnis | **Die Taschengeld-Bande** | **Meine liebe Oma**

Julius, Anne und Dominik sind dicke Freunde. Sie sitzen in ihrem Baumhaus.

„Kaufen wir uns nachher noch ein Eis?“, fragt Dominik in die Runde. Er liebt das Zitroneneis aus der kleinen Eisdiele. Aber Anne wehrt ab: „Ich habe kein Geld mehr.“ „Bei mir sieht es auch ziemlich düster aus“, gesteht Julius.

Dominik gibt zu: „Ich habe etwas von meiner Oma bekommen, sonst wäre ich auch schon abgebrannt.“ Alle sind sich einig: Die Zeit bis zum Taschengeldtag zieht sich immer wie Kaugummi. „Wie soll das nur weitergehen, wenn man sich nicht mal bei dieser Hitze ein Eis kaufen kann?“, jammert Julius. Anne pflichtet ihm bei: „Das bisschen Taschengeld reicht wirklich hinten und vorne nicht.“

„Und meine Oma kommt auch nicht alle Tage“, klagt Dominik. Anne hat eine Idee: „Alles Jammern und Klagen hilft uns nicht weiter. Statt herumzusitzen, sollten wir lieber etwas Geld verdienen.“

Gerit Kopietz

2 Suche drei andere Kinder. Lest die Geschichte mit verteilten Rollen.

7 Ein Rätselgedicht lösen

1 Lies das Gedicht.

Wer bin ich?

Sag, wer bin ich? Jeder liebt mich,
und auch dir bin ich bekannt.
Einen langen Rüssel hab ich,
doch ich bin kein Elefant.

Reiter tragen, Bäume schleppen,
das kann mein Beruf nicht sein.
Und auch auf den Kampf mit Löwen
lasse ich mich niemals ein.

Keinen Frosch kann ich besiegen.
Ganz gering ist mein Gewicht:
Wenn ich auf den Blüten sitze,
biegen sich die Stiele nicht.

Wenn ich durch die Lüfte fliege,
ist's, als flög ein Blatt dahin.
Aber schön sind meine Flügel.
Und nun sag mir, wer ich bin.

Josef Guggenmos

2 Löse das Rätsel und male das Tier in dein Heft.

H. 4, S. 58, 2
Lösung: ...

3 Schreibe die Wörter oder Sätze auf,
die dir die Lösung verraten haben.

H. 4, S. 58, 3
Rüssel, ...

→ AH Seite 56

7 Über ein Sprichwort nachdenken

1 Lies die Geschichte.

Die beiden Ziegen

Über einen Fluss ging eine schmale Brücke.
An einem Ufer stand eine schwarze Ziege.
Am anderen Ufer stand eine weiße Ziege.
Beide wollten über die Brücke gehen.
Die schwarze Ziege rief: „Bleib drüben!
Die Brücke ist zu schmal für uns beide!“
Die weiße Ziege antwortete: „Ich will aber zuerst gehen.“
Beide Ziegen liefen gleichzeitig los und
trafen sich in der Mitte der Brücke.
Da wurden die beiden Ziegen zornig und
stießen mit den Hörnern zu.
Sie kämpften so heftig, dass die Brücke anfing
zu schwanken.
Schließlich verloren sie das Gleichgewicht und
fielen beide hinunter in den Fluss.

2 Überlege mit einem Partnerkind,
welchen Rat du den Ziegen geben würdest.

H. 4, S. 59, 2
Die Ziegen sollten …

3 Besprecht in der Gruppe, welches der beiden Sprichwörter
am besten passt. Begründet eure Entscheidung.

Der Klügere gibt nach!

Lügen haben kurze Beine!

→ AH Seite 57

8 Mit verteilten Rollen lesen

1 Lies das Gespräch zuerst leise.
Lies dann mit einem Partnerkind mit verteilten Rollen.

Jan und Katrin im Kinderzimmer

Gib mir sofort das Heft zurück!
Warum sollte ich?
Weil ich für morgen noch was lernen muss. Und weil es meins ist.
Ist es nicht.

Ist es doch.
Lügner! Ich hab mitgezahlt. Einen Euro hab ich draufgelegt.
Es hat aber fünf gekostet.
Da kriegst du nur ein paar Seiten dafür.

Dann gib mir meinen Teil!
Na bravo, jetzt hast du das Heft zerrissen!
Selber Schuld! hättest du es nicht so festgehalten!
Weißt du, was du bist? Ein … gemeiner Knochenhecht bist du!
Und du bist ein Segelflossen-Doktorfisch!
Und du ein gestreifter Felsenhüpfer!

Und du ein Schwarzpunkt-Kugelfisch!
Du Maulbrüter!
Du verzierter Kaninchenfisch.
Du Brokkoli-Koralle!
Du siamesische Rüsselbarbe!

Die Mutter steckt den Kopf durch die Tür. Sie möchte, dass die beiden keine Schimpfwörter mehr verwenden. Dabei gibt es diese Meerestiere wirklich!

Gerda Anger-Schmidt

8 Das Ende einer Geschichte erfinden

1 Lies die Geschichte.

Ich hol dein Liebstes!

Valerie bekam seit zwei Abenden Besuch von einem Gespenst, das ihr androhte, am dritten Abend ihr Liebstes zu holen.

„Heute ist es so weit!“ Valerie machte ganz ängstliche Augen.
„Du hast dein Liebstes unter deinem Kopfkissen versteckt!“
„Wwwwoher wwweißt du das?“, bibberte Valerie und kroch noch tiefer in ihre Kissen.
„Das weiß jeder aus der Familie“, antwortete der Geist.
Er streckte die Geisterhand aus. „Her mit deinem Liebsten!“
„Willst du es wirklich haben?“, piepste Valerie.
„Ja“, sagte der Geist. „Und keine Tricks.
Mich kannst du nicht reinlegen.“

Marlies Arnold

2 Schreibe einen passenden Schluss zur Geschichte.

3

8 Eine Lieblingsfigur auswählen

1 Lies die Beschreibungen.

Piraten-Lizzy weiß genau, was sie will.
Sie ist ehrgeizig und stark.
Sie wird von vielen Piraten gefürchtet,
weil sie die beste Säbelkämpferin ist.

Piraten-Kalle wird auch „der Kluge der Meere“ genannt.
Er ist intelligent und liest viel.
Deshalb hat er schon viele Schätze gefunden.
Nur er kann die Schatzkarten entschlüsseln.

Piraten-Elli ist die schönste Anführerin aller Meere.
Sie ist freundlich und gütig.
Auf der ganzen Welt kennt sie sich aus.
Ihre Piraten verehren sie und gehorchen ihr aufs Wort.

Piraten-Billi ist bekannt für seine Kraft und Stärke.
Er ist ein Bär von einem Mann.
Viele bekommen schon Angst, wenn sie ihn nur sehen.
Wenn er brüllt, erstarren alle Lebewesen.

2 Schreibe auf, welcher Pirat du gerne wärst.
Begründe.

H. 4, S. 62, 2
Ich wäre gern …, weil …

3

8 Einer Buchfigur passende Gefühle zuordnen

1 Überlegt in der Gruppe, wie sich Irgendwie Anders fühlt.
Wählt für jeden Absatz das passende Wort aus.

Irgendwie anders

traurig | neugierig | mutig

1 Auf einem hohen Berg, wo der Wind pfiff, lebte ganz allein und ohne einen einzigen Freund Irgendwie Anders. Er wusste, dass er irgendwie anders war, denn alle fanden das.
„Tut uns leid, du bist nicht wie wir. Du bist irgendwie anders. Du gehörst nicht dazu."
Irgendwie Anders ging nach Hause. Er wollte gerade schlafen gehen, da klopfte es an die Tür.

zornig | verwirrt | beleidigt

2 Draußen stand jemand – oder etwas.
„Guten Tag!", sagte das Etwas und hielt ihm die Pfote hin – das heißt, eigentlich sah sie mehr wie eine Flosse aus.
„Kenne ich dich?", fragte Irgendwie Anders. „Ob du mich kennst?", fragte das Etwas und lachte. „Natürlich! Ich bin genau wie du! Du bist irgendwie anders – und ich auch."

nachdenklich | lustig | glücklich

3 Seitdem hatte Irgendwie Anders einen Freund. Sie lächelten und sagten „hallo". Sie malten zusammen Bilder. Sie aßen zusammen. Sie waren verschieden, aber sie vertrugen sich.
Und wenn jemand an die Tür klopfte, der wirklich sehr merkwürdig aussah, dann sagten sie nicht „Du bist nicht wie wir" oder „Du gehörst nicht dazu". Sie rückten einfach ein bisschen zusammen.

Kathryn Cave

8 Sich in eine Buchfigur hineinversetzen

1 Schau dir das Bild an.
Vermute, um was es in der Geschichte geht.

2 Lies die Geschichte.

Paul will auch eine Bande

Paul will endlich auch eine Bande haben. Zwei Monate wohnt Paul schon in Dettendorf. Und er hat immer noch keine Bande. Zwei Monate sind ziemlich lang, findet Paul. Mit einem Lastwagen sind sie von Neustadt nach Dettendorf gezogen. Eigentlich sind aber mit dem Lastwagen nur die Sachen umgezogen. Papa und Mama, Paul und Josefine und Kasper und Violetta sind mit dem Auto hinterhergefahren. Josefine ist Pauls kleine Schwester. Kasper heißt der Hund, und Violetta ist die Schildkröte. Wie gesagt: Seit zwei Monaten wohnt Paul schon in Dettendorf, und er hat noch keine Bande. Dabei wimmelt es hier nur so von Banden. Max hat eine, und der starke Jo hat auch eine.

Dagmar Geisler

3 Schreibe auf, was Paul sich wünscht.

Ich will noch einmal umziehen!

Ich will endlich eine Bande haben!

Ich will wieder nach Neustadt!

Ich will neue Freunde haben!

H. 4, S. 64, 3
Paul wünscht sich …

4 Schreibe auf, wie sich Paul fühlt.
Vergleiche mit einem Partnerkind.

H. 4, S. 64, 4
Paul …

8 Einen Redesatz für eine Buchfigur erfinden

1 Lies den Text.

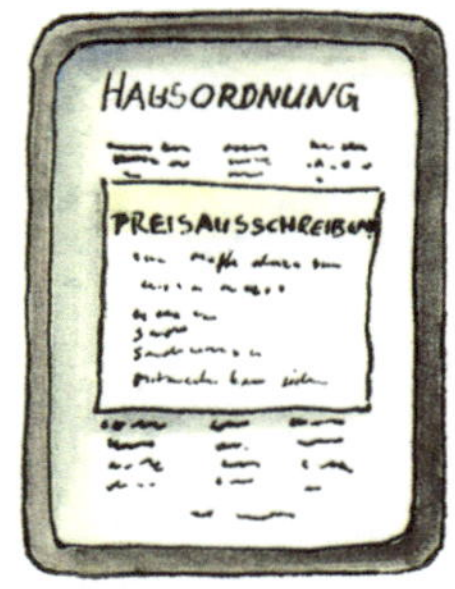

Der Lesemuffel

Alle finden, dass Muffel besser lesen lernen sollte. Vor allem seine Mutter. Bis jetzt hat noch nichts geholfen.

Also muss sich die Mama etwas anderes einfallen lassen. Und weil ihr selbst nichts einfällt, setzt sie einen Preis aus. Sie hängt einen großen Zettel ins Treppenhaus. „Preisausschreiben“, schreibt sie mit großen Buchstaben darauf. „Wer Muffel Maus dazu bringt, ein Buch zu lesen, gewinnt ein Mittagessen bei Familie Maus! Suppe, Hauptspeise, Nachspeise. Sonderwünsche möglich! Mitmachen kann jeder!“ Der Erste, der den Zettel liest, ist Muffel. Weil es doch schließlich um ihn geht.

Saskia Hula

2 Überlege, wie Muffel die Idee mit dem Preisausschreiben findet. Schreibe in eine Sprechblase, was er zu seiner Mutter sagen könnte.

8 Handlungsmöglichkeiten auswählen

1 Lies den Text.

Die Mutprobe

Moritz und Alexander sind Freunde. Sie fahren Inliner. Heute will Alexander auf einmal, dass sie es endlich tun, und Moritz kann ihn nicht davon abbringen. „Du bist ja bloß feig, du hast ja überhaupt keinen Mut!“, ruft Alexander. Und zwar soll Moritz mit ihm die steile Burgstraße runtersausen. Bremsen soll nicht erlaubt sein. Erst ganz unten gibt es – zack! – eine Vollbremsung.

Moritz sagt: „Ich bin überhaupt nicht feig!“ „Was bist du dann?“, höhnt Alexander. „Immer bestimmst du, was wir tun!“, giftet Moritz. „Ja, weil ich Mut hab!“ Alexander stößt sich vom Zaun ab. Er fährt kunstvoll rückwärts. „Ich hab auch Mut!!“, ruft Moritz. „Hast du nicht. Du bist feig, feig, feig …“

Irma Krauß

2 Überlege mit einem Partnerkind. Schreibe die Antworten auf.

a) Zu welcher Mutprobe möchte Alexander seinen Freund Moritz überreden?

b) Wie könnte die Mutprobe für die Kinder ausgehen?

c) Gib Moritz einen Rat.

3 Tauscht euch in der Gruppe über eure Ergebnisse von **2** aus.

8 Handlungsmöglichkeiten entwerfen

1 Lies den Text.

Mona Lisa

Mona und Lisa sind Freundinnen. Sie machen alles gemeinsam.

Doch heute geschieht etwas Merkwürdiges. Lisa schlägt auf dem Heimweg von der Schule vor: „Wir können die Hausaufgaben bei uns machen und danach mit den Fahrrädern zu meiner Oma fahren. Sie backt wieder ihren leckeren Apfelkuchen.“ Aber Mona schüttelt den Kopf und sieht Lisa traurig an. „Fahr du allein. Ich mag nicht.“ Monas Antwort haut Lisa beinahe von den Socken. „Aber Mona, was ist denn los? Mona?“ Doch Mona geht mit eiligen Schritten davon. Lisa versteht die Welt nicht mehr. Am nächsten Tag spricht Mona kaum ein Wort mit Lisa. Und nicht am übernächsten. Sie zieht sich immer mehr zurück.

Gerit Kopietz

2 Besprich mit einem anderen Kind, was Lisa tun könnte, um die Freundschaft zu retten.

3 Schreibe deinen Rat auf.

H. 4, S. 67, 3
Lisa sollte ...

9 Einem Buchdeckel Informationen entnehmen

Wenn du ein **Buch** vorstellst, musst du den Titel, den Autor und den Verlag nennen.

Der **Titel** sagt dir, wie das Buch heißt.
Der **Autor** oder die **Autorin** haben das Buch geschrieben.
Der **Verlag** hat das Buch hergestellt.

1 Schau dir den Buchdeckel an. Schreibe den Buchtitel und den Namen des Autors oder der Autorin in dein Heft.

H. 4, S. 68, 1
Titel: ...
Autorin: ...

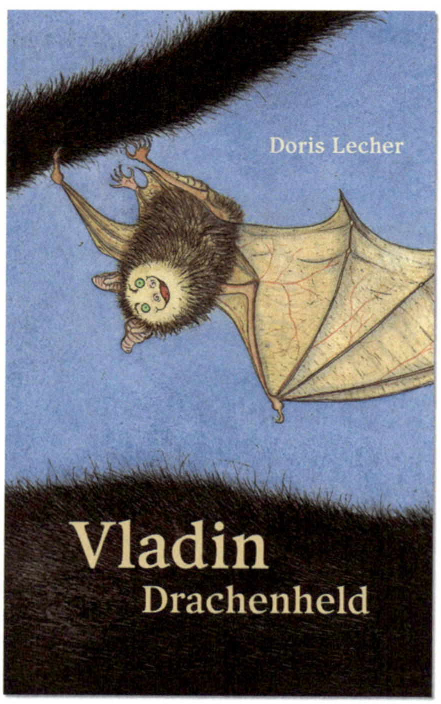

2 Suche mit einem Partnerkind einen Buchdeckel aus der Klassenbücherei, dem Internet oder von zu Hause. Schreibt Titel, Autor und Verlag ins Heft.

H. 4, S. 68, 2
Titel: ...

3 Gestalte selbst einen Buchdeckel für ein Buch, das du vielleicht einmal schreiben willst. Stelle es anderen Kindern vor.

9 Lieblingsbücher vorstellen

1 Nimm ein Blatt Papier und falte es in der Mitte.
Schreibe Lieblingsbuch von … auf die Außenseite.
Beschreibe im Innenteil dein Lieblingsbuch
und male Bilder dazu.

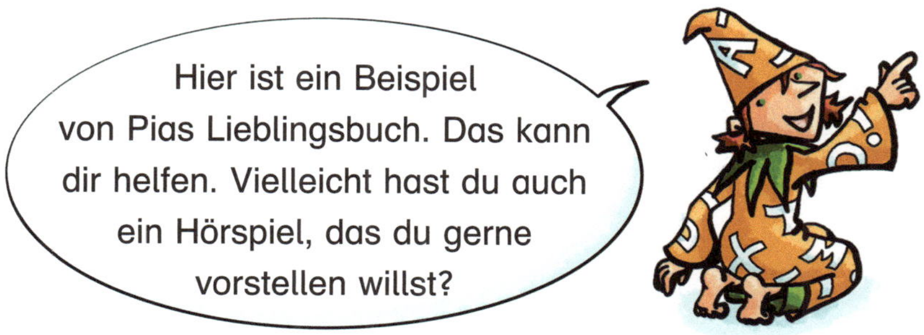

Buchvorstellung

Titel:

Nick muss keine
Angst mehr haben

Autor:

Achim Bröger

Hauptpersonen:

Nick und seine Schwester Nele

Das passiert in meinem Buch:

Immer wenn Nick und Nele Angst haben,
wissen sie sich zu helfen.

Diese Stelle hat mir am besten gefallen:

Nele hat ihre Mama im Kaufhaus verloren.
Als sie sich wieder gefunden haben,
gehen sie zusammen ein Eis essen.

9 Den Autor Stefan Gemmel kennen lernen

1 Stefan Gemmel, Autor vieler Kinderbücher, erzählt von sich.
Lies die Texte in den Kästen.

Ich mag Kinder sehr gerne und habe ständig den Kopf voller Geschichten.

Bei meinen Lesungen sitze ich nicht nur da, sondern stehe vor meinen Zuhörern, fuchtele mit den Armen und krächze wie ein Rabe oder piepse wie eine Maus.

Meine Haustiere heißen „Schnürsenkel“ und „Doppelknoten“. Es sind Schlangen.

Meine Lieblingsfarbe ist kunterbunt und mein Lieblingstier ist ein Schokoladenhase.

Mein Spitzname ist Blubb, weil ich der beste Schwimmer meiner Schule war. Meine Lieblingsessen sind Pizza, Salate und Schokolade.

2 Schreibe drei Dinge auf,
die dir bei Stefan Gemmel gefallen.

H. 4, S. 70, 2
Mir gefällt, dass ...

9 Ein Buch von Stefan Gemmel kennen lernen

1 Lies den Text.

Winnewuff und Old Miezecat

Ein Hund, ein Kater und eine Maus erleben Abenteuer wie im Wilden Westen. Alles begann mit einer geheimnisvollen Schatzkarte.

Nachdem der Hund Winnewuff und der Kater Old Miezecat die Schatzkarte gemeinsam genauer angeschaut hatten, kamen beide zu dem Schluss, dass die Karte echt sein müsse. Es waren Ohrringe und glitzernde Goldketten darauf abgebildet und in der einen Ecke prangte sogar ein richtiger Stempel! Es bestand also kein Zweifel: Die Karte war echt! Sie war zwar schon alt, doch die eingezeichneten Straßen waren noch gut zu erkennen: Der Schatz war in dieser Stadt versteckt, genauer: im Glitzerweg 22, gleich hinter dem Industriegebiet. „Der Schatz im Glitzerweg“, schwärmte Old Mietzecat. Winnewuff unterstrich diesen Gedanken mit einem lauten „Hugh!“

Stefan Gemmel

2

9 Textausschnitte Buchtiteln zuordnen

1 Lies die einzelnen Texte und ordne sie den Büchern zu.

H. 4, S. 72, 1
1: ...
2: ...
3: ...

1 Ich sehe mich um und entdecke sie vor dem Höhleneingang. Sie liegen da, als wären sie vor langer Zeit dort vergessen worden. „Da sind sie!“, rufe ich und zeige auf die Handschuhe. Opa springt sofort zum Eingang und hebt sie auf. „Ich hab sie!“, ruft er und wir rennen nach draußen. „Diebe, Diebe!“, rufen uns die grünen Männchen hinterher. Sie verfolgen uns zur Rakete, doch wir sind viel schneller.

2 Die Königin schenkte ihr ein rosa Kleid und silberne Schuhe. „Nein, ich will schwarze Lederhosen und schwarze Stiefel und einen silbernen Gürtel!“, sagte Lieschen Radieschen. „Und einen Umhang wie Zorro!“

3 Till geht seit letztem Sommer in die Schule. Rechnen macht ihm am meisten Spaß. Malen kann er auch ganz gut. Nur Lesen findet Till manchmal etwas schwierig. Sein Vater sagt: „Lesen muss man können, sonst kriegt man keinen Beruf.“ Till will eigentlich gar keinen Beruf. Er will lieber Ritter werden.

A

B

C

9 Zwischen spannenden Büchern wählen

1 Suche in jedem Absatz die spannendste Stelle.
Schreibe die Zeilennummer auf.
Erkläre und begründe einem Partnerkind, welches Buch du am liebsten lesen würdest.

H. 4, S. 73, 1
A: Zeile

A

Olivers blaue Badetasche ist verschwunden. Das ist ein Fall für Nick Nase. Am Strand geht er jeder Spur nach. Plötzlich springt Schnuffel, sein Hund, ins Wasser. Schnell schwimmt Nick Nase hinterher. Da ist etwas Blaues. Er schnappt danach. Aber es ist nicht die Tasche.

M. W. Sharmat

B

In dieser Nacht schlief Felline schlecht. Sie träumte einen seltsamen Traum. Ihr Körper wurde dicker und dicker, die Pfoten größer … was für Krallen! Und was geschah mit ihrem Fell? Felline hatte sich in einen Gruselhund verwandelt. Riesig, mit spitzen Zähnen.

Martin Baltscheit

C

Immer wieder hörte der Professor das Ei ab. Endlich – nach vielen Tagen – vernahm er etwas. Das Ei fing an zu wackeln. Es schwankte. Es zitterte und bebte. Die Spannung wurde fast unerträglich. Plötzlich bekam das Ei einen Riss. Ein Stück Schale sprang ab. Ein kleiner Kopf kam hervor.

Max Kruse

9 Andere Medien kennen lernen

1 Lies den Text.

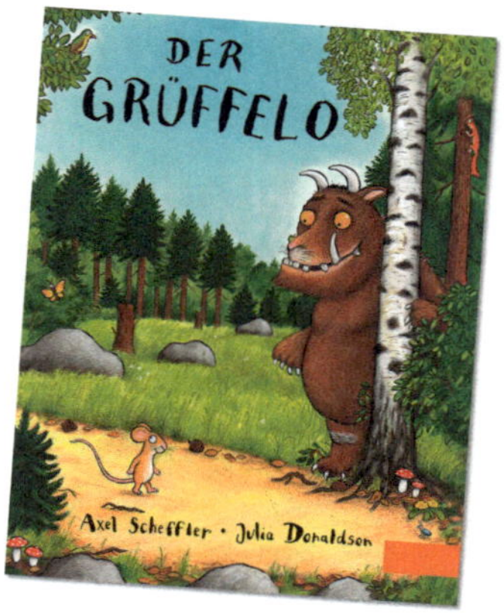

Der Grüffelo

„Die Maus spazierte im Walde umher …"

Kennst du das Buch „Der Grüffelo?"
Und kennst du auch schon den Film?

So ist der Animationsfilm entstanden:

Zunächst wurde überlegt, wie die Figuren genau aussehen sollen, zum Beispiel wenn sie erschrocken sind oder böse oder gelangweilt.

Diese Handzeichnungen werden dann in den Computer übertragen. Im Computer erwacht die Figur dann zum Leben. Jetzt können die Filmemacher die Figuren am Bildschirm per Knopfdruck bewegen.

Damit die Bewegungen richtig „echt" und fließend aussehen, müssen pro Sekunde 24 Bilder aufgenommen werden. Das macht ganz schön viel Arbeit!

Der Hintergrund bei den Filmen ist noch einmal eine Herausforderung für die Filmemacher. Für den Film „Grüffelo" wurde ein drei Meter hohes und drei Meter breites Modell eines Waldes gebastelt.

9

Dieser Mini-Wald wurde aus allen Richtungen und Blickwinkeln fotografiert. Die Fotografien wurden dann wieder in den Computer gespeichert.

Wenn die vielen, vielen Bilder dann einmal fertig sind, braucht der Film natürlich noch Musik und Geräusche.

Außerdem bekommt jede Figur eine eigene Stimme. Das sind meistens Schauspieler, die dann für die gezeichnete Figur sprechen, lachen, brüllen oder singen.

Am Schluss kommt der Film in die Kinos oder ins Fernsehen.
Der Film „Grüffelo" ist ungefähr 25 Minuten lang.
Jetzt kannst du dir vorstellen, wie viel Arbeit der Film gemacht hat!

2 Besprich dich mit anderen Kindern.
- Klärt unbekannte Begriffe.
- Erzähle in eigenen Worten, was ein Animationsfilm ist.
- Den Grüffelo gibt es als Film, Buch und Hörspiel.
  Was magst du am liebsten?
- Begründe deine Meinung.

3

9 Zu beliebten Büchern eine Fortsetzung finden

1 Finde zu jeder Buchbeschreibung die passende Fortsetzung. Ordne den Nummern die richtigen Buchstaben zu.

H. 4, S. 76, 1
1 – ...
2 – ...
3 – ...

1 Hexe Lilli zaubert Hausaufgaben

Eines Tages findet Hexe Lilli ein Hexenbuch neben ihrem Bett. Warum soll sie nicht ihre Hausaufgaben fertigzaubern? Doch gerade jetzt muss sie auf ihren kleinen Bruder Leon aufpassen.

KNISTER

2 Pferdegeschichten vom Franz

Bis jetzt hat sich Franz überhaupt nicht für Pferde interessiert. Seit seine Freundin Gabi nur noch von Pferden spricht, ist Franz ein richtiger Pferde-Fachmann. Und reiten kann er auch – sagt er.

Christine Nöstlinger

3 Die Olchis und der faule König

Zum allerersten Mal bekommen die Olchis Besuch von einem König, von einem richtigen König! Die ganze Olchi-Familie ist nun schwer beschäftigt, alle königlichen Wünsche zu erfüllen.

Erhard Dietl

A Den ganzen lieben Tag hat er einen Sonderwunsch nach dem anderen. So unmöglich darf sich auch ein König nicht benehmen.

B Natürlich hat sie keine Lust. Aber er schreit, bis sie ihm etwas aus dem Hexenbuch vorliest. Plötzlich hat Leon Hasenohren.

C Der ganze Schwindel droht aufzufliegen, als Gabi für die beiden die erste Reitstunde plant. Was soll Franz tun?

9 Die Bücherei stellt sich vor

1 Lies, wie Frau Lehmann die Bücherei vorstellt. Setze die Wörter passend ein und schreibe sie in der richtigen Reihenfolge in dein Heft.

H. 4, S. 77, 1
ausleihen, …

Krimis	Eltern	spielen	ausleihen	hören	Fußboden

„Bei uns gibt es etwa 2000 Bücher für Kinder und Jugendliche. Du kannst sie umsonst für vier Wochen . Dazu brauchst du einen Büchereiausweis.

Es gibt Regale für Bilderbücher, Erzählungen und Sachbücher. In den Regalen sind die Bücher geordnet. Bei Erzählungen findest du Bücher über Abenteuer, Bücher über Freundschaft, spannende Comics oder auch .

Bücher über Tiere, Fahrzeuge oder Sport stehen bei den Sachbüchern. Bilderbücher sind in großen Kästen auf dem .

In unserer Bücherei findest du eine große Auswahl an Kassetten, CDs und DVDs, Videos und Zeitschriften. Es werden auch viele Spiele angeboten. Du kannst sie mit nach Hause nehmen oder direkt bei uns .

Alle zwei Wochen wird dienstags in der Kinderbücherei vorgelesen. Hier können Kinder ab fünf Jahren lustige, spannende oder abenteuerliche Geschichten .

Kinder ab sechs Jahren können täglich eine halbe Stunde kostenlos im Internet surfen. Sie brauchen dazu ihren Büchereiausweis und das Einverständnis ihrer ."

9 Bücher in einer Bücherei sortieren

1 Sieh dir das Bild von der Bücherei an.

9

2 Ordne richtig zu.

1

2

H. 4, S. 79, 2
Sachbuch: 1, …
Krimis: …

3

4

5

6

7

8

9

10

Einsterns Schwester 2

Grundschule Bayern

Themenheft 4
Lesen – mit Texten und weiteren Medien umgehen

Herausgegeben von:	Roland Bauer, Jutta Maurach
Erarbeitet von:	Marion Bauer, Neuburg-Schrobenhausen Karin Leopold, Erding
Auf der Grundlage der Ausgabe von:	Susanne Semelka
Unter Beratung von:	Enno Hörsgen, Langerringen; Dr. Klaus Metzger, Gersthofen; Dr. Helga Rolletschek, Brunnthal; Prof. Dr. Angelika Speck-Hamdan, München
Unter Begutachtung von:	Sandra Kroll-Gabriel, Ingolstadt
Redaktion:	Anemone Fesl
Illustration:	Yo Rühmer, Frankfurt am Main
Umschlaggestaltung:	corngreen, Leipzig
Layout und technische Umsetzung:	lernsatz.de

www.cornelsen.de

1. Auflage, 1. Druck 2014

Alle Drucke dieser Auflage sind inhaltlich unverändert
und können im Unterricht nebeneinander verwendet werden.

Druck: Himmer AG, Augsburg

ISBN 978-3-06-083592-8

Dieses Heft ist Bestandteil des Pakets „Einsterns Schwester 2“ (ISBN 978-3-06-083438-9) und kann auch einzeln bestellt werden.

PEFC
PEFC/04-31-1549

PEFC zertifiziert
Dieses Produkt stammt aus nachhaltig bewirtschafteten Wäldern und kontrollierten Quellen.

www.pefc.de